NOUVEAUX PROGRAMMES 2016

Français **CE1**

Ribambelle

W0291647

Livret d'entrainement 1

ALBUM 1

ALBUM 2

Sous la direction de
Jean-Pierre Demeulemeester
inspecteur
de l'Éducation nationale

Nadine Demeulemeester
conseillère pédagogique

Monique Géniquet
conseillère pédagogique

Gisèle Bertillot
professeure des écoles maitre formateur

Ce texte est conforme à la nouvelle orthographe
www.orthographe-recommandee.info

Cet ouvrage applique l'orthographe recommandée par le ministère de l'Éducation nationale.

Hatier

Conception maquette :
Sophie Duclos

Mise en page :
Alinéa

Illustrations :
T. Risbjerg *(Le Petit Voleur d'instants)*
E. Cerisier *(Les Secrets véritables)*

© Hatier – Paris, 2016 – ISBN : 978-2-218-99937-6

Achevé d'imprimer en France par Loire Offset Titoulet
Dépôt légal n°99937-6/01 - janvier 2016

Je découvre la grammaire

Une phrase doit avoir du sens. L'ordre des mots est très important.

1 Je lis à haute voix les phrases correctes.

Théo marmonne en fermant la porte.

J'en étais sûr !

Théo retourne dans.

Tu vois bien qu'il.

Tu vois bien que je regarde un film.

2 Je lis à haute voix toutes les phrases qui ont du sens.

	• me lire une histoire ?
Tu veux bien •	• que je suis occupé.
Tu vois bien •	• que j'ai beaucoup de travail.
	• me dire un poème ?

J'apprends du vocabulaire

3 Je repère les mots qui désignent une durée ou un temps.
Je les lis à haute voix.

un instant	cinq minutes	deux minutes	un voleur
un bruit	deux secondes	une heure	six minutes
un moment	un cahier	un jour	quelques secondes

Je m'entraine à lire

4 Je lis des phrases qui s'allongent.

Maman est assise.

Maman est assise **derrière son bureau.**

Maman est assise derrière son bureau, **cachée derrière sa pile de cahiers.**

Maman est assise derrière son bureau, cachée derrière sa pile de cahiers **à corriger**.

Si je pouvais avoir un instant à moi.

Si je pouvais avoir un instant à moi, **juste un tout petit instant.**

Si je pouvais avoir un instant à moi, juste un tout petit instant, **je serais la plus contente des mamans.**

Tu sais, si je pouvais avoir un instant à moi, juste un tout petit instant, je serais la plus contente des mamans.

5 Je lis des mots qui se ressemblent.

instant	refuser	occupé	sœur
installer	refouler	occupant	belle-sœur
instable	refus	préoccupé	sœurette
constant	infuser	occasion	cœur
assistant	réfugier	découpé	écœurer

Je découvre la grammaire

Pour être facile à repérer, **une phrase** doit toujours commencer par **une majuscule** et se terminer par **un point** : . ou ! ou ?

1 Je repère les phrases écrites correctement. Je les lis à haute voix.

Mais, Théo, voyons, tu n'es jamais content !

Que veux-tu encore ?

tu as un ordinateur, une collection de billes en verre et un lapin nain

Tu as des livres à ne plus savoir où les ranger.

Que veux-tu de plus ?

Il s'installe à son ordinateur

Tu sais, toi, où on peut trouver des instants ?

J'apprends du vocabulaire

2 Je lis des mots de la même famille.

instant	aventure	collection
instantané	s'aventurer	collectionner
instantanément	aventurier	collectionneur

3 Je lis un nom et l'action qui correspond.

le trottoir — c'est pour → trotter (marcher)

le mouchoir → se moucher

le tiroir → tirer (ouvrir)

le rasoir → se raser

l'accoudoir → s'accouder

le comptoir → compter (payer)

Je m'entraine à lire

4 Je lis un texte en partie masqué.

La porte d'entrée grince quand Théo l'ouvre mais personne

ne l'entend

Il se retrouve sur le trottoir

Un petit vent frais l'enveloppe Tout à coup il se sent léger

et a l'étrange impression que ses pieds grandissent dans ses baskets

5 Je lis des mots qui s'enchainent.

matin
tintamarre
marron
ronflement
mentir
tirage
rageusement
menton

amer
mercredi
difficulté
téléski
skieur
euro
rôtir
tiroir

Je découvre la grammaire

- À l'oral, on repère une question à l'**intonation**.
- À l'écrit, on repère une question grâce au **point d'interrogation** placé à la fin de la phrase.

Les phrases interrogatives commencent souvent par les mots :
pourquoi, qui, que, quand, où, est-ce que…

1 Je lis à haute voix des phrases interrogatives de sens proche.

As-tu le temps de lire ?
Est-ce que tu as le temps de lire ?
Tu as le temps de lire ?

Veux-tu des instants ?
Est-ce que tu veux des instants ?
Tu veux des instants ?

2 Je lis seulement les phrases interrogatives.

Comment t'appelles-tu ?
Tu as l'air perdu !
Je vais t'aider.
Tu sauras rentrer chez toi ?

Que fais-tu ici tout seul ?
Où habites-tu ?
Quand rentreras-tu chez toi ?
Allez ! Sois courageux !

J'apprends du vocabulaire

3 Je lis des mots de sens contraire.

juste	→ **in**juste	possible	→ **im**possible
capable	→ **in**capable	prévu	→ **im**prévu
visible	→ **in**visible	poli	→ **im**poli
suffisant	→ **in**suffisant	puni	→ **im**puni
vraisemblable	→ **in**vraisemblable	buvable	→ **im**buvable

⚠ utile	→ **in**utile	⚠ mobile	→ **im**mobile
exact	→ **in**exact		
attendu	→ **in**attendu		
occupé	→ **in**occupé		
existant	→ **in**existant		

Je m'entraine à lire

4 Je lis des mots qui se ressemblent.

caillou	morceau	miette
caille	monceau	minette
paille	marteau	mallette
bailler	pourceau	mulette
maillot	berceau	amulette

5 Je lis un texte en partie masqué.

Ce n' pas si facile d'êtr rand ! Qui va l'aic ?
Et s'il tre ait sur le trotto les petits caill x blancs
qui le cond aient à la cach te des insta s ?
Et s'il grim en haut d'un p teau élect que
pour les aper voir ?

Je découvre la grammaire

• À l'oral, on repère une phrase exclamative à l'**intonation**.

• À l'écrit, on repère une phrase exclamative grâce au **point d'exclamation** placé à la fin de la phrase.

1 Je lis chaque réplique avec l'intonation.

– Où allez-vous comme ça ?
Vous n'avez pas le droit de vous garer là !
– Oh, Monsieur l'agent, s'il vous plait, je n'en ai pas pour longtemps.
Accordez-moi juste un tout petit instant !
– Bon, pour cette fois, je ne dis rien !
– Merci beaucoup Monsieur l'agent !

2 Je lis chaque phrase en changeant d'intonation.

– Tu cherches des instants.
– Tu cherches des instants !
– Tu cherches des instants ?

En voilà un qui arrive !
En voilà un qui arrive ?
En voilà un qui arrive.

J'apprends du vocabulaire

3 Je lis des mots qui changent de sens selon le contexte.

Ne te sauve pas en courant !
Elle le sauve de la noyade !

Ce monsieur ne porte pas de chemise.
Théo porte son cartable.

Je n'ai pas un moment pour souffler.
Il faut souffler sur les braises pour attiser le feu.

Théo trouve que sa maman est trop occupée.
Jujube trouve souvent de la nourriture dans les algues.

Je m'entraine à lire

4 Je lis rapidement des mots très espacés.

homme →	inconnu →	banc
oiseaux	lacet	bonhomme
parfum	agent	moment
épatant	voiture	trottoir

5 Je lis un texte en partie masqué.

Son papa lui a toujours dit : – On ne parle pas aux inconnus, aux gens qui ont l'air bizarre. Précisément, celui-là a l'air bizarre : son pantalon est attaché avec une ficelle, une de ses chaussures ne porte pas de lacet. Mais finalement, il trouve que ce monsieur est épatant, qu'il n'est ni bizarre ni inconnu. Il se dit aussi que son papa peut parfois se tromper et qu'il faudra qu'il le lui dise.

Cahier d'activités p. 31 à 35

Je découvre la grammaire

- Pour écrire une phrase négative, on utilise généralement les mots : **ne… pas…** ou bien **ne… plus…** ou **ne… jamais…** ou **ne… rien**.
- Devant un mot qui commence par une voyelle, **ne** se transforme en **n'**.

1 Je lis la phrase encadrée puis les phrases contraires qui correspondent.

Je pars ! →
- Je **ne** pars **pas** !
- Je **ne** pars **plus** !
- Je **ne** pars **jamais** !

Théo est malheureux. →
- Théo **n'**est **pas** malheureux.
- Théo **n'**est **plus** malheureux.
- Théo **n'**est **jamais** malheureux.

2 Je lis chaque phrase négative, je dis à haute voix la phrase contraire.

Théo **n'**a **plus** envie de partir.

Sa maman **ne** s'arrête **jamais** de travailler.

Il **ne** sait **rien** lire.

Il **ne** s'ennuie **plus** tout seul.

J'apprends du vocabulaire

3 Je lis des expressions de sens proche.

une voix toute en miel → une voix douce
une voix de verre cassé → une voix désagréable
bayer aux corneilles → regarder en l'air sans rien faire.
accorder un moment → laisser un peu de temps
dodeliner de la tête → balancer doucement la tête
être complices → être bien ensemble et se comprendre

Je m'entraine à lire

4 Je lis des mots qui se ressemblent.

complices	caniveaux	casquette	aspirateur
compliqué	canine	casque	aspirer
complet	caveau	cacahouète	aérateur
compliment	carnaval	casaque	asticot
supplice	niveaux	raquette	respirateur

5 Je lis un texte en partie masqué.

M tenant, Théo enjambe les m ifs de fleurs survole les can aux,
dév les rues. Il s'arrête hors de sou au coin de l rue du C ange,
et rega e dans sa casque te : son butin st toujours l.
La por l'entrée grin mais personne e l'entend.
À la mai on rien n'a angé.

Je découvre la grammaire

Devant un **nom**, on peut toujours écrire le déterminant **un** ou **une** ;
le, la, l', les, des sont d'autres déterminants.
Les prénoms, les noms de pays, de ville… sont des **noms propres.**

1 **Je lis à haute voix et je choisis un déterminant qui correspond au nom.**

le •		le •		le •	
la •		la •		la •	
un •	• jour	un •	• page	un •	• étoile
une •		une •		une •	
l' •		l' •		l' •	

2 **Je lis à haute voix le déterminant et le nom qui correspond.**

le → grand-mère / coffre / journaux

la → soleil / jardin / chambre

l' → secret / oiseau / tête

3 **Je repère les noms. Je les lis à haute voix en ajoutant un déterminant.**

numéro – sœur – dort – sieste – lentement – courage – caisse – eau

J'apprends du vocabulaire

4 **Je lis des mots de même sens.**

faire peur	distraire	interdire
inquiéter affoler	divertir amuser	empêcher défendre de

5 **Je lis des mots ou des expressions de sens contraire.**

s'amuser / s'ennuyer

rassurer / effrayer

gronder / féliciter

porter bonheur / porter malheur

6 Je lis des phrases en …

langage familier		langage correct
Qui c'est qui a le numéro 233 ?	→	**Qui a** le numéro 233 ?
Mais où qu'il est, le 233 ?	→	Mais **où est** le numéro 233 ?
C'est pas vrai.	→	Ce **n'**est **pas** vrai.
C'est pas drôle.	→	Ce **n'**est **pas** drôle.
J'en boirai jamais.	→	Je **n'**en boirai **jamais**.

7 Je lis un texte en partie masqué.

« Si veut voir la nuit aussi bien q le jour, on se otte le vi avec du sang de chauvesou ncore appel pipistrelle. Ce secr st véritable. »

« On fer ne potion avec de l centaurée ; on la r ra dix min s dans l'eau bouillan et l'on y ajou une livre de vers c erre coupés en mor ux fins. Ce qui boira la potion oira être magicien e e verra les ds en l'air et la tête bas. »

Je découvre la grammaire

- Un nom est au **masculin**, si je peux écrire **un** ou **le** devant.
- Un nom est au **féminin**, si je peux écrire **une** ou **la** devant.

1 **Je lis à haute voix les noms féminins en ajoutant un déterminant.**

caisse – chien – minute – vie – feuille – vent – balançoire – ortie

2 **Je lis à haute voix les noms masculins en ajoutant un déterminant.**

chagrin – peur – caillou – tête – fleur – seau – gazon – grille – orage

3 **Je lis le nom masculin et le nom féminin correspondant.**

un ami	→ **une** amie	**mon** cousin	→ **ma** cousine
un apprenti	→ **une** apprentie	**un** marchand	→ **une** marchande
un inconnu	→ **une** inconnue	**le** voisin	→ **la** voisine
le lion	→ **la** lionne	**le** boucher	→ **la** bouchère
le chien	→ **la** chienne	**le** potier	→ **la** potière
le chat	→ **la** chatte	**le** tigre	→ **la** tigresse
le coiffeur	→ **la** coiffeuse	**un** acteur	→ **une** actrice
le roi	→ **la** reine	**un** homme	→ **une** femme
le cheval	→ **la** jument	**un** garçon	→ **une** fille

J'apprends du vocabulaire

4 **Je lis des mots qui désignent…**

des métaux	des végétaux	des arbres	des animaux nocturnes
l'or	le persil	un peuplier	la pipistrelle
le fer	les orties	un saule	la chouette
l'argent	le trèfle	un chêne	le hibou
le cuivre	le pissenlit	un bouleau	la hulotte

Je m'entraine à lire

5 Je lis un texte en choisissant le mot exact.

Il fait tellement chaud dans le jardin / jasmin / jamais que je reste rassis / assoit / assis sur la balançoire. / balancer. / balader.

– C'est bête qu'on ne puisse pas aller dans le mari. / marais. / marteau.

– Sous les peupliers, / poulpes / peuples, l'air est franc. / frais. / fruit.

Je m'entraine à comprendre ce que je lis

6 Je lis des phrases à haute voix en choisissant les mots qui conviennent.

plus tard – pendant que – aussitôt

Les enfants mettent la table … mémé Thérèse prépare le repas.

Dès qu' – Pendant qu' – Puis

… ils connaissent le secret de la tristesse, les enfants cherchent une pierre d'onyx.

Puis – Enfin – Aussitôt

Il faut de l'argent pour faire de l'or. … les enfants pensent au couteau de mémé Thérèse.

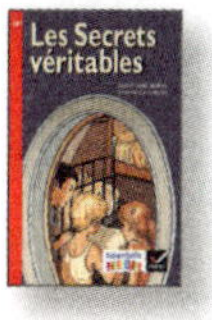

Séquence 3
Cahier d'activités p. 54 à 58

Je découvre la grammaire

• L'**adjectif** est un mot qui donne des **précisions** sur le nom.
Il peut se placer avant ou après le nom.
Exemples : un grand arbre / un arbre immense

• Le déterminant, le nom et l'adjectif composent le **groupe du nom**.

1 Je ne lis à haute voix que les groupes du nom correctement construits.

une pierre **noire**	la chambre **grande**	un **gentil** garçon
la **grosse** pierre	une **belle** chambre	le garçon **petit**
une **verte** pierre	une chambre **agréable**	un garçon **poli**

2 Je lis chaque groupe du nom puis je lis seulement l'adjectif.

un pantalon rouge – un gros camion – un soleil brulant –
une recette secrète – une belle princesse

J'apprends du vocabulaire

3 Je lis des mots de la même famille.

grimacer	mentir	assourdir	crier
grimace	mensonge	sourd	cri
grimaçant	mentant	assourdissant	criant

danser → danseur
mentir → menteur
courir → coureur

chanter → chanteur
voler → voleur
rêver → rêveur

4 Je lis des mots très espacés.

Robin	diner	Vincent	Jessica
grimaces	table	soir	couteau
poche	préféré	chambre	lit
orties	clef	orage	maison

5 Je lis des mots qui se ressemblent.

caoutchouc	illuminer	horizon	tournoyer
califourchon	éliminer	horizontal	tournebouler
cachottier	allumer	horreur	tournesol
cachette	enluminure	horrible	tournicoter

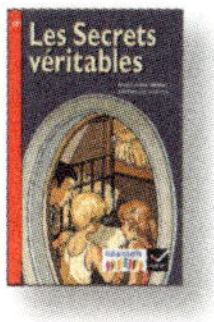

Je découvre la grammaire

- Quand le déterminant est au **masculin**, le groupe du nom est au **masculin**.
- Quand le déterminant est au **féminin**, le groupe du nom est au **féminin**.
Le plus souvent, pour écrire un nom ou un adjectif au féminin, on ajoute un **e** à la fin du mot.

1 Je lis le groupe du nom masculin et le groupe du nom féminin correspondant.

un petit cousin → une petite cousine
un méchant lion → une méchante lionne
un lapin nain → une lapine naine
le vilain sorcier → la vilaine sorcière
un roi cruel → une reine cruelle
un chanteur connu → une chanteuse connue

2 Je ne lis à haute voix que les groupes du nom correctement accordés.

le	petit	jument
	petite	cheval

un	fille	silencieuse
	garçon	silencieux

la	vieux	grand-mère
	vieille	grand-père

J'apprends du vocabulaire

3 Je lis des mots de la même famille.

interdiction	prudence	dangereux	autorisation
interdire	prudent	danger	autoriser
interdit	prudemment	dangereusement	autorisé

bête → une bêt**ise**
sot → une sott**ise**
friand → la friand**ise**

traitre → la traitr**ise**
franche → la franch**ise**
gourmand → la gourmand**ise**

Je m'entraine à lire

4 Je lis un texte avec des mots cailloux.

Au petit déjeuner, mémé Thérèse cherche son couteau dans les tiroirs.

– Je ne l'ai pas trouvé en faisant la vaisselle, dit-elle, vous n'avez pas vu mon couteau ?

– Ton couteau spécial ? demande Jessica.

– Oui, c'est le seul qui coupe dans cette maison.

Nous répondons ;

– Non non, on n'a rien vu.

Pauvre mémé ! Elle ne sait pas couper sans son couteau.

J'ai hâte qu'on le change en or et qu'on le lui rende.

5 Je lis des mots qui se ressemblent.

invisible	inégal	impossible	immobile
inconnu	inespéré	imprudent	immatériel
incassable	inattendu	imbuvable	immuable
incorrect	inutile	imbattable	immature

Je m'entraine à comprendre ce que je lis

6 Je lis des phrases qui ont le même sens.

Les enfants vont écraser le sureau alors que c'est très salissant.
Les enfants vont écraser le sureau, pourtant c'est très salissant.

Les enfants lisent beaucoup de secrets pour faire de la magie.
Les enfants lisent beaucoup de secrets afin de faire de la magie.

Vincent met des gants de peur de se piquer avec les orties.
Vincent met des gants par crainte de se piquer avec les orties.

Le secret peut réussir pourvu qu'on ait du plantain.
Le secret peut réussir à condition qu'on ait du plantain.

7 Je lis des phrases à haute voix en choisissant les mots qui conviennent.

afin qu' – puisqu' – parce qu'

Mémé Thérèse a enfermé les enfants dans leur chambre … ils ne jouent plus avec le feu.

de peur de – alors – afin de

Vincent cherche un secret … guérir les coupures.

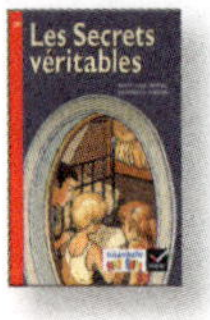

Cahier d'activités p. 65 à 69

Je découvre la grammaire

• Un nom est au **singulier**, si on peut écrire **un** ou **une** devant.
Exemple : une maison (il y en a une seule)

• Un nom est au **pluriel**, si on peut écrire **les** ou **des** devant.
Le plus souvent, un nom au pluriel se termine par un **s**.
*Exemple : les maison**s** (il y en a plusieurs)*

1 Je lis à haute voix le déterminant et le nom qui correspond.

la → mains / patte / poulet

les → chambre / grimaces / poche

un → lits / jardin / bulle

des → porte / couteau / pipistrelles

2 Je lis à haute voix les noms au singulier en ajoutant un déterminant.

volet – fenêtres – rêve – nuit – pyjamas – gouttes – lunettes – porte

3 Je lis à haute voix les noms au pluriel en ajoutant un déterminant.

doigts – robinet – enfants – tiroirs – pluie – pétales – arbre

J'apprends du vocabulaire

4 Je lis des mots synonymes.

effrayé	surpris	gai	surprenant	étonnant
apeuré	stupéfait	réjoui	inattendu	incroyable
terrorisé	étonné	ravi	imprévu	inimaginable

5 Je lis un dialogue.

– Aïe !

– Qu'est-ce que tu as ?

– Je viens de me couper ! Aïe, aïe, aïe !

– Attends ! Je connais le secret pour guérir les coupures.
Donne-moi ton doigt !

– Hou, aïe, hou là là ! Ça brule, ça fait mal ! C'est normal ?

– Oui, c'est parce que ça se referme.

– Non, non, ça brule trop, j'ai vraiment trop mal !
Je vais passer mon doigt sous l'eau.

– C'est guéri ?

– Je ne sais pas mais, en tout cas, ça ne saigne plus.

6 Je lis des mots qui se ressemblent.

château	pantoufle	poignée	lunettes
chapeau	pantalon	pagne	lune
chaton	panda	panier	lumière
chapiteau	pamplemousse	poignard	luminaire

Je découvre la grammaire

Pour écrire **un nom au pluriel** :
– le plus souvent on ajoute un **s** à la fin du nom.
Exemple : ***des secrets***
– parfois, on ajoute un **x** à la fin du nom.
Exemples : ***des cheveux, les tuyaux, des châteaux, des bijoux.***

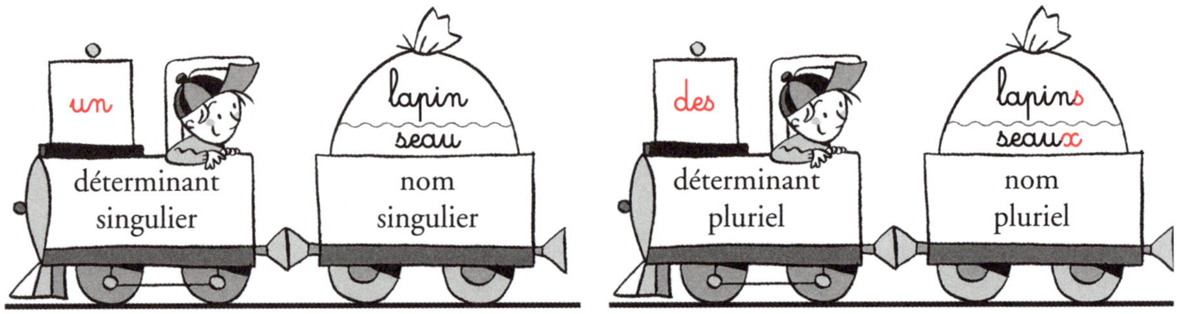

1 **Je lis à haute voix le déterminant et le nom correctement accordé.**

les → cailloux / orage / genou

les → maison / feu / seaux

des → fille / jeux / secret

des → nuit / bateau / enfants

2 **Je repère les noms au pluriel. Je les lis en ajoutant un déterminant.**

noyaux – cheveu – chouettes – gâteaux – épaules – hibou – râteaux

J'apprends du vocabulaire

3 Je lis des mots de la même famille.

gai	→	gaiment	→	gaité
triste	→	tristement	→	tristesse
tranquille	→	tranquillement	→	tranquillité
malheureux	→	malheureusement	→	malheur
joyeux	→	joyeusement	→	joie

4 Je lis des mots synonymes.

consoler	agresser	inquiet	triste
soulager	frapper	soucieux	malheureux
réconforter	attaquer	préoccupé	peiné
apaiser	insulter	anxieux	chagriné

Je m'entraine à lire

5 Je lis un texte en faisant des choix.

Jessica m'a dit son secret. On … « maman »	écrit / aigri
au stylo à bille dans la … de la main et	pause / paume
on repasse les lettres dès qu'elles … .	s'efforcent / s'effacent
– Je le fais le soir, dans la … de bains,	salle / selle
me dit Jessica.	
On a allumé la lampe de poche pour	
ne pas … Vincent et j'ai écrit « maman »	réveiller / réviser
… le creux de ma main.	donc / dans
Ce secret est véritable. Je n'ai plus pleuré … .	depuis / départ

Je m'entraine à comprendre ce que je lis

6 Je lis des phrases à haute voix en choisissant les mots qui conviennent.

pour – sinon – ainsi

Mémé téléphone à maman … lui donner des nouvelles.

sinon – pour – ainsi

Jessica parle tout bas … mémé ne l'entendra pas.

Ainsi – Comme – Sinon

… sa maman n'est pas là, Robin est triste.

Liaison CP/CE1

1 Des mots qui se terminent par la même syllabe.

co / balu → chon

ro / ma → man

te / ve → nir

a / four → mi

2 Des mots qui commencent par la même syllabe.

par → tir / tout

mou → che / lin

ta → pe / pis

tê → te / tu

3 Des enchainements de mots.

démon → montage → genou → nougat

branche → chemin → mince → cerise

canapé → pédalo → loto → total

aidé → découpé → pélican → cantine

moulu → lutin → tintement → menteur

4 Des mots qui riment.

- loterie
- lit
- riz
- souris

- chocolat
- rat
- lama
- tas

- rue
- revue
- battu
- ému

- pot
- château
- landau
- loto
- gros

1 Les voyelles

a	e	i	o	u
les p**a**roles **a**insi	petit deux	la f**i**lle le ro**i**	n**o**tre un j**o**ur	les n**u**ées les chev**eu**x

2 Des syllabes avec b, m, r, s, t, v

bu	ra	so	ti	ma	vi
bulle **bu**reau dé**bu**ter	ca**ra**mel **ra**vi ca**ra**vane	**so**leil **so**lide con**so**ler	**ti**gre fa**ti**gue **ti**mide	**ma**lin **ma**tinée ca**ma**rade	**vi**de **vi**sage **vi**tre

3 Des syllabes avec d, f, j, l, n, p

da	fa	jo	lu	ni	pu
dame **da**te pé**da**le	**fa**cile **fa**rine **fa**tigue	**jo**li ca**jo**ler ma**jo**rette	**lu**tin **lu**mière cha**lu**meau	**ni**che pu**ni** **ni**d	**pu**rée ca**pu**che dé**pu**té

4 Le découpage en syllabes

ar|ti|chaut ar|bre a|rai|gnée a|rô|me	ba|nal ba|na|ne ban|de ban|cal	pa|nier pa|no|ra|ma pan|car|te pan|ta|lon	ca|ra|va|ne ca|ra|fe car|te car|na|val	ve|nir ve|nin ven|tre ven|du

5 [t] / [d]

[t]	
t	tt
la **t**oma**t**e	a**tt**endre
nai**t**re	une pa**tt**e
l'au**t**omne	
un mou**t**on	
…………………	…………………
…………………	…………………
il doi**t**	

[d]	
d	dd
un **d**omino	l'a**dd**ition
gran**d**e	un ca**dd**ie
douce	
le **d**ragon	
…………………	…………………
…………………	…………………
un bon**d**	

6 [p] / [b]

[p]	
p	pp
une **p**omme	a**pp**eler
un **p**étale	une envelo**pp**e
le **p**roblème	
particulier	
…………………	…………………
…………………	…………………
un cam**p**	

[b]
b
une **b**ordure
bleu
le **b**ras
le paque**b**ot
…………………
…………………
le plom**b**

7 [m] / [n]

[m]	
m	mm
malade	co**mm**e
une for**m**ule	une fla**mm**e
un ga**m**in	
une **m**ontagne	
....	....
....	....
l'auto**m**ne	

[n]	
n	nn
noir	bo**nn**e
la rei**n**e	perso**nn**e
la **n**uit	
....	....
....	....

8 ou, oi, on

ou
[u]
un **ou**rs
t**ou**j**ou**rs
d**ou**x
r**ou**sse
....
....

oi
[wa]
un **oi**seau
le r**oi**
autref**oi**s
la v**oi**x
....
....

on
[ɔ̃]
un **on**gle
un c**on**te
ils dir**on**t
bl**on**d
....
....

9 au, ai, an

au	ai	an
[o]	[ɛ]	[ɑ̃]
une **au**truche	un **ai**gle	l'**an**tenne
elle ex**au**ce	ils ét**ai**ent	la l**an**gue
au moins	il dis**ai**t	la ch**an**ce
s**au**f	n**ai**tre	un enf**an**t
....	....	....
....	....	....

⚠ nous f**ai**sons

10 [f] / [v]

[f]			[v]
f	ff	ph	v
une **f**ée	une a**ff**iche	un élé**ph**ant	une **v**ache
un **f**locon	une ga**ff**e	un **ph**are	la **v**oix
un che**f**	ça su**ff**it	le dau**ph**in	pau**v**re
....	....	....	....
....	....	....	....

11 [k] / [g]

[k]			[g]
c	**qu** ou **q**	**k**	**g**
le **c**amion le flo**c**on ave**c** le **c**œur un co**q**	**qu**atre **qu**and **qu**arante	le **k**oala un **k**ilo un **k**iwi un **k**angourou	un **g**âteau la lan**g**ouste une **g**alette **g**rand
....	....	....	....
....	....	....	....
blanc			le doigt, l'étang

⚠ se**c**ond

12 [ʃ] / [ʒ]

[ʃ]	
ch	**sch** ou **sh**
un **ch**eval un **ch**âteau **ch**armant affi**ch**er	un **sch**éma un **sh**ampoing
....	....
....	....

[ʒ]	
g	**j**
la **g**irafe rou**g**ir l'ar**g**ent sa**g**e	une **j**upe **j**eune la **j**oue un **j**ardinier
....	....
....	....

13 g, gu, j

g		gu	j
[g]	[ʒ]	[g]	[ʒ]
un **g**âteau	la **g**irafe	la **gu**itare	une **j**upe
un **g**arçon	une ca**g**e	une fi**gu**e	du so**j**a
ri**g**olo	un **g**enou	une va**gu**e	le **j**ournal
un o**g**re	il ron**g**ea	une **gu**êpe	un **j**eton
....	....	....	....
....	....	....	....

14 La lettre h

ch	ph	h
[ʃ]	[f]	[.]
un **ch**eval	un **ph**are	un **h**omme
accro**ch**er	un **ph**oque	un **h**ôpital
un **ch**ameau	un élé**ph**ant	le bon**h**eur
....	....	....
....	....	....

⚠ un **ch**ronomètre

15 e devant une consonne

ec	es	ette	elle	esse
s**ec**	l'**es**calier	une boul**ette**	une p**elle**	une car**esse**
av**ec**	une v**es**te	une mou**ette**	une maniv**elle**	une princ**esse**
b**ec**	l'**es**poir	une chou**ette**	l'ombr**elle**	la pr**esse**
....	....	....	....	....
....	....	....	....	....

16 SYNTHÈSE 1

[t]	[d]
une **t**ar**t**ine	**d**o**d**u
une **t**or**t**ue	un **d**in**d**on
un **t**en**t**acule	**d**oux
une pa**tt**e	l'a**dd**ition
une **t**on**d**euse	
timi**d**e	
....	....
....	....

[p]	[b]
Paris	un **b**on**b**on
un **p**ull	un **b**i**b**elot
du **p**a**p**rika	une **b**re**b**is
une na**pp**e	
un **p**aque**b**ot	
la **p**ou**b**elle	
....	....
....	....

[f]	[v]
la **f**orêt	**v**ite
une **f**arandole	le **v**oleur
un bu**ff**et	une cara**v**ane
un **ph**are	
la **f**è**v**e	
la **f**a**v**eur	
....	....
....	....

[m]	[n]
la **m**usique	un **n**avire
une **m**ar**m**ite	la pei**n**e
le **m**i**m**osa	**n**ouer
une po**mm**e	une ca**nn**e
une **m**a**n**ette	
un **m**i**n**eur	
....	....
....	....

17 gn, gu, qu

gn
[ɲ]
un pei**gn**e
une li**gn**e
le ga**gn**ant
la ca**gn**otte
....
....

gu
[g]
une **gu**êpe
la lan**gu**e
une ba**gu**ette
une ba**gu**e
....
....

⚠ un lé**gu**me

qu
[k]
quatre
une cas**qu**ette
pour**qu**oi
l'informati**qu**e
....
....

⚠ une pi**qu**re

18 pl, bl, fl, cl, gl

pl
[pl]
plus
plein
les peu**pl**iers
du **pl**âtre
....
....

bl
[bl]
blanc
bleu
érita**bl**e
un éra**bl**e
....
....

fl
[fl]
une **fl**eur
ré**fl**échir
souf**fl**er
le **fl**acon
....
....

cl
[cl]
la **cl**ef
un cy**cl**one
la **cl**asse
clouer
....
....

gl
[gl]
une **gl**ace
un **gl**and
un on**gl**e
gluant
....
....

19 pr/br ; cr/gr ; tr/dr ; fr/vr

pr	br
[pr]	[br]
une **pr**une	le **br**as
ex**pr**ès	un **br**uit
il a **pr**is	un ar**br**e
le **pr**ésent	**br**uyant
....	....
....	....

cr	gr
[cr]	[gr]
un **cr**abe	une **gr**imace
un se**cr**et	**gr**and
é**cr**ire	mai**gr**e
crier	un **gr**amme
....	....
....	....

tr	dr
[tr]	[dr]
trois	un **dr**omadaire
trouver	un ca**dr**e
une **tr**ace	un **dr**ap
le **tr**ain	**dr**oite
....	....
....	....

fr	vr
[fr]	[vr]
une **fr**aise	**vr**ai
frotter	ou**vr**ir
frais	un li**vr**e
la **fr**iandise	la fiè**vr**e
la bala**fr**e	
....	....
....	....

20 Les syllabes inversées (1)

ar	er	ir	or	ur	our
[ar]	[ɛr]	[ir]	[ɔr]	[yr]	[ur]
la luc**ar**ne	asp**er**ger	souffr**ir**	il d**or**t	**sur**	p**our**tant
par	renv**er**ser	ag**ir**	m**or**dre	**sur**sauter	la j**our**née
reg**ar**der	Alb**er**t	sort**ir**	les **or**ties	h**ur**ler	touj**our**s
....	....	....	....	....	....
....	....	....	....	....	....

as	es	is	os	us
[as]	[ɛs]	[is]	[ɔs]	[ys]
un **as**ticot	la si**es**te	tr**is**te	un **os**	pl**us**
un **as**	r**es**ter	la pip**is**trelle	un c**os**tume	j**us**te
un **as**tre	un f**es**tival	le dent**is**te	c**os**taud	j**us**qu'à
....	....	....	....	....
....	....	....	....	....

21 Les syllabes inversées (2)

ac	ec	ic	oc	uc
[ac]	[ɛc]	[ic]	[ɔc]	[yc]
une f**ac**ture	av**ec**	un p**ic**	le d**oc**teur	un d**uc**
le f**ac**teur	le b**ec**	la d**ic**tée	un bl**oc**	un via**duc**
un s**ac**	un fenn**ec**	un t**ic**	n**oc**turne	
....	....	....	....	....
....	....	....	....	....

al	el	il	ol	ul
[al]	[ɛl]	[il]	[ɔl]	[yl]
un journ**al**	le ci**el**	du f**il**	un b**ol**	la c**ul**ture
un c**al**que	qu**el**qu'un	un sourc**il**	le g**ol**f	**ul**time
spéci**al**	le s**el**	un f**il**m	la réc**ol**te	le calc**ul**
....	....	....	....	....
....	....	....	....	....

22 tion, tie

tion	
[sjɔ̃]	[tjɔ̃]
une addi**tion**	une ques**tion**
une opéra**tion**	la diges**tion**
la dispari**tion**	nous par**tions**
....	....
....	....

tie	
[si]	[ti]
une acroba**tie**	une or**tie**
elle balbu**tie**	une par**tie**
une péripé**tie**	elle est sor**tie**
....	....
....	....

23 sc, sp, st, ct, pt

sc	sp	st	ct	pt
un **sc**orpion	**sp**écial	le **st**ylo	un prospe**ct**us	un hélico**pt**ère
le **sc**arabée	le **sp**ort	un **st**age	un ca**ct**us	ca**pt**er
le **sc**andale	une **sp**irale	une **st**atue	un tra**ct**	o**pt**er
la bi**sc**otte	une e**sp**èce	la li**st**e	un di**ct**on	un ra**pt**
....	....	....	....	....
....	....	....	....	....

24 [wɛ̃] / [ɛ̃]

[wɛ̃]
oin
le **foin**
un **coin**
lointain
un **poin**t
....
....

[ɛ̃]	
ain	ein
un **nain**	une **cein**ture
un ref**rain**	un **pein**tre
dem**ain**	un **rein**
maintenant	pl**ein**
....	....
....	....

25 oin/ion, ain/ian, ein/ien

oin	ion
[wɛ̃]	[jɔ̃]
loin	un **pion**
un bes**oin**	un **lion**
le gr**oin**	la pass**ion**
	nous parl**ion**s
....	....
....	....

ain	ian
[ɛ̃]	[jɑ̃]
il cr**ain**t	en cr**ian**t
il se pl**ain**t	un pl**ian**t
le tr**ain**	en color**ian**t
le poul**ain**	le fr**ian**d
....	....
....	....

ein	ien
[ɛ̃]	[jɛ̃]
ser**ein**	le ch**ien**
la **cein**ture	**rien**
teindre	le **sien**
il **pein**t	un **lien**
....	....
....	....

26 L'accentuation de la lettre e

è	ê
[ɛ]	
il g**è**le derri**è**re un man**è**ge le p**è**re	un r**ê**ve la fen**ê**tre la t**ê**te une b**ê**te
....	....

é
[e]
l'**é**cole la r**é**ponse la v**é**rité une nu**é**e un h**é**matome
....

27 [e] / [ɛ]

[e]			
é	**er**	**es**	**ez**
la p**é**niche la r**é**ponse l'**été**	un pani**er** le din**er** un méti**er**	m**es** t**es** s**es**	ch**ez** le n**ez** vous all**ez**
…………………… ……………………	…………………… ……………………	…………………… ……………………	…………………… ……………………

[ɛ]					
è	**ê**	**e**	**et**	**ai**	**ei**
la l**è**vre la vip**è**re la lumi**è**re	une p**ê**che une b**ê**te la f**ê**te	b**e**lle les lun**e**ttes il r**e**ste	un secr**et** un jou**et** le poul**et**	la l**ai**deur vr**ai**ment fr**ai**s	la bal**ei**ne une r**ei**ne la p**ei**ne
…………………… ……………………	…………………… ……………………	…………………… ……………………	…………………… ……………………	…………………… ……………………	…………………… ……………………

⚠ un pon**ey**

28 Les lettres y et z

y	
[i]	[j]
un c**y**clone	un no**y**au
une m**y**gale	un co**y**ote
un l**y**s	un ka**y**ak
la p**y**ramide	les **y**eux
....	....
....	....

z	
[z]	[.]
quator**z**e	du ri**z**
on**z**e	un ra**z** de marée
la **z**one	
le **z**oo	
....	....
....	....

⚠ le ne**z**

29 Les lettres w et x

w	
[w]	[v]
un **w**apiti	un **w**agon
un ki**w**i	le **w**agonnet
un **w**allaby	
....	....
....	....

x		
[ks]	[gz]	[.]
une ta**x**e	un e**x**amen	deu**x**
une e**x**périence	e**x**act	les cheveu**x**
l'e**x**térieur	il e**x**agère	les feu**x**
....	....	....
....	....	....

30 [j]

[ij]
ill(e)
un coqu**ill**age maqu**ill**er une f**ille** la chen**ille** …………… ……………

[ɛj]	
eil	eill(e)
le somm**eil** le sol**eil** le rév**eil** par**eil** …………… ……………	merv**eill**eux l'ab**eille** la corb**eille** il cons**eille** …………… ……………

[aj]	
ail	aill(e)
le port**ail** l'**ail** le bét**ail** un r**ail** …………… ……………	un p**aill**asson la bat**aille** la c**aille** il trav**aille** …………… ……………

[œj]	
euil	euill(e)
le s**euil** un faut**euil** un écur**euil** le chevr**euil** …………… ……………	f**euill**u une f**euille** le portef**euille** un millef**euille** …………… ……………

[uj]	
ouil	ouill(e)
le fen**ouil**	nous f**ouill**ons le br**ouill**on la gren**ouille** la r**ouille** il bred**ouille** …………… ……………

31 SYNTHÈSE 2

• **Je lis des mots qui n'existent pas**

1 syllabe		
chouil	poinct	spian
breinst	croin	stion

2 syllabes		
traineil	vranchouil	grainzeil
flantrail	nianfrou	mainspoct

3 syllabes		
agluseuil	bractoxil	vianconail
yaspacteil	fouintulya	psartichail

4 syllabes		
prataxifeuil	plouzéticaille	scofrouillaxet
scanpontirail	agrougnazeille	ailloscointan